Coordination éditoriale : Murielle Coueslan
Direction artistique : Anne-Catherine Souletie
Maquette : Ségolène Even

© Éditions Nathan (Paris-France) 1999
ISBN : 2-09-210675-9
N° d'éditeur : 10077798
Dépôt légal août 2000
Impression et reliure : Pollina s.a., 85400 Luçon - N° 80628 - Aout 1999

Histoires, Comptines, Chansons d'Animaux

Textes de Françoise Bobe, Natha Caputo, Claude Clément,
Sara Cone Bryant, Monique Hion, Roselyne Morel.

Illustrations de Pascal Carbon, Isabelle Chatellard,
Émilie Chollat, Clotilde Goubely, Martin Jarrie, Karen Laborie,
Miguel Larzillière, Jean-François Martin, Martin Matje,
Christophe Merlin, Andrée Prigent, Guillaume Renon,
Marcelino Truong, Fabrice Turrier.

Portées musicales de Sophie Vazeille.

NATHAN

Une souris verte

U - ne sou - ris ver - te qui cou-rait dans l'her-be

je l'at - tra - pe par la queue, je la montr'à ces messieurs.

Ces messieurs me di - sent : Trem- pez -la dans l'hui - le,

Trempez-la dans l'eau, ça fe - ra un es - car - got tout chaud.

Une souris verte

Qui courait dans l'herbe

Je l'attrape par la queue,

Je la montr' à ses messieurs.

Ces messieurs me disent :

Trempez-la dans l'huile,

Trempez-la dans l'eau,

Ça fera un escargot tout chaud.

Quelle heure est-il ?

Quelle heure est-il ?
Il est midi.
Qui est-ce qui l'a dit ?
La p'tite souris.
Où donc est-elle ?
Dans la chapelle.
Et que fait-elle ?
De la dentelle.
Pour qui ?
Pour Monsieur, pour Madame,
Pour la reine d'Espagne !

Dame souris trotte

Dame souris trotte
Noire dans le gris du soir
Dame souris trotte
Grise dans le noir

Un nuage passe
Il fait noir comme dans un four
Un nuage passe
Tiens, le petit jour !

Dame souris trotte
Rose dans les rayons bleus
Dame souris trotte
Debout, paresseux !

Paul Verlaine

Peur du loup ?

Moi, je n'ai pas peur des loups.
Il y en a un que j'aime beaucoup.
C'est un gentil loup gris
Qui ne mange que les souris.
Il adore les enfants,
Ne montre pas les dents...
Sauf quand il rit !

Françoise Bobe

Prom'nons-nous dans les bois

Prom'nons-nous dans les bois pendant que le loup n'y est pas. Si le loup y é - tait, il nous man - ge - rait. Mais comm'il n'y est pas, il nous man-g'ra pas. Loup y es-tu ? Que fais- tu ?

refrain

Prom'nons-nous dans les bois

Pendant que le loup n'y est pas.

Si le loup y était,

Il nous mangerait.

Mais comme il n'y est pas,

Il nous mang'ra pas.

Loup y es-tu ?

Que fais-tu ?

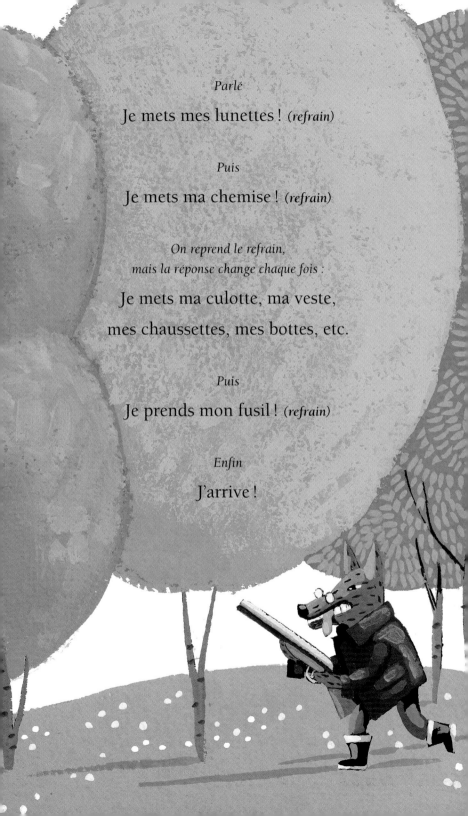

Parlé

Je mets mes lunettes ! *(refrain)*

Puis

Je mets ma chemise ! *(refrain)*

On reprend le refrain,
mais la réponse change chaque fois :

Je mets ma culotte, ma veste,

mes chaussettes, mes bottes, etc.

Puis

Je prends mon fusil ! *(refrain)*

Enfin

J'arrive !

Le loup, le cochon, la cane et l'oie

Il y avait une fois un cochon, une cane et une oie, qui s'entendaient très bien ensemble. Il y avait aussi un loup, qui demeurait tout près d'eux, dans le bois.

Un jour, les trois camarades voulurent se bâtir chacun une maison. La cane alla dans le bois ; elle ramassa de la mousse et des feuilles, et se fit une maison.

L'oie alla dans le bois, elle ramassa des feuilles, de la mousse et des branches, et elle se bâtit une maison.

Mais le cochon prit des planches, des clous et un marteau, et se bâtit une solide maison.

Et même, sur le toit, il planta une quantité de clous, la pointe en l'air.

Quand tout fut fini, le loup arriva. Il alla droit à la maison de la cane, et dit :

– Cane, ouvre-moi.

– Pour quoi faire ?

– Je veux entrer chez toi.

– Non, je ne veux pas t'ouvrir.

– Alors, je monterai sur ta maison, et je sauterai tant, je taperai tant, que je l'écraserai.

– Monte si tu veux.

Le loup monta sur la maison de la cane et l'écrasa, mais la cane s'était sauvée chez l'oie.

Alors, le loup alla chez l'oie.

– Oie, ouvre-moi.

– Pour quoi faire ?

– Je veux la cane, qui est chez toi.

– Non, je ne veux pas t'ouvrir.

– Alors, je monterai sur ta maison, et je taperai tant, je sauterai tant, que je l'écraserai.

– Monte si tu veux.

Le loup monta sur la maison de l'oie, et il l'écrasa, mais elle s'était sauvée chez le cochon, avec la cane.

Le loup se rendit chez le cochon :

– Cochon, ouvre-moi.

– Pour quoi faire ?

– Je veux la cane et l'oie, qui sont chez toi.

– Non, je ne veux pas t'ouvrir.

– Alors, je monterai sur ta maison, et je taperai tant, je sauterai tant, que je l'écraserai.

– Monte si tu veux.

Le loup monta sur le toit, et il commença à taper et à sauter, mais les clous que le cochon avait plantés lui entrèrent dans la chair, et il descendit bien vite.

Alors il colla son nez contre le trou de la serrure, et il regarda ce qui se passait.

Le cochon avait dit à ses deux amies :

– Nous allons faire de la bouillie de maïs. La cane va faire le feu, l'oie va apporter l'eau, et moi, je passerai la farine avec ma queue.

Le loup regardait et disait tout bas :

– Je voudrais bien manger de la queue qui guigne, qui guigne, qui passe la farine !

Le cochon l'entendit et cria :

– Qu'est-ce que tu dis, loup ?

– Oh ! je dis que la cane fait bien le feu... Je voudrais bien manger de la queue qui guigne, qui guigne, qui passe la farine !

– Qu'est-ce que tu dis, loup ?

– Oh ! je dis que l'oie va bien chercher l'eau... Je voudrais bien manger de la queue qui guigne, qui guigne, qui passe la farine !

– Qu'est-ce que tu dis, loup ?

– Oh ! je dis que tu passes bien la farine.

Quand la farine fut toute passée, le cochon la délaya avec de l'eau froide et la versa dans la marmite, et il la tournait avec une grande cuillère en bois.

Le loup regardait toujours.

Quand la bouillie fut cuite et toute bouillante,
le cochon cria :

— En veux-tu, loup ?

— Je veux bien.

— Tends la patte.

Le cochon ouvrit un peu la porte, et le loup passa la patte, espérant pouvoir entrer. Mais le cochon lui versa dessus une bonne cuillerée de bouillie toute chaude, si bien que le loup se mit à hurler et s'enfuit dans le bois.

Il n'est jamais revenu depuis.

Le cochon, la cane et l'oie vécurent très heureux ensemble, sans jamais se disputer.

Sara Cone Bryant

Un petit cochon

Un petit cochon
Pendu au plafond.
Tirez-lui le nez,
Il donn'ra du lait.
Tirez-lui la queue,
Il pondra des œufs.
Combien en voulez-vous ?

Grosgnongnon, le cochon

Grosgnongnon, le cochon,
Rouspète en toutes saisons
Pour un oui, pour un non.

Au printemps, quand il fait doux,
Il dit qu'il se sent tout mou.
En été, quand il fait chaud
Et qu'il se met en maillot,
Il se trouve un peu trop gros.
Lorsque s'approche l'automne,
Grosgnongnon bâille et frissonne.
Et, quand arrive l'hiver,
Grosgnongnon est en colère :
Il n'aime pas son bonnet
Qui lui tombe sur le nez !

C'est ainsi toute l'année.

Ce qu'il aime, c'est rouspéter.

Claude Clément

Renard roublard

Le renard au minois rusé
La nuit n'est plus qu'une ombre.
Dans les bois, il rôde à pas feutrés,
Le roublard de la pénombre.

Ce soir, au menu
Petit loir ou trotte-menu ?
Raisin ou bien friandises ?
Avez-vous choisi
Monsieur De La Roublardise ?

Françoise Bobe

Jamais on n'a vu

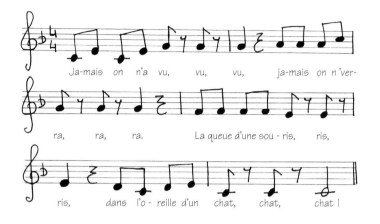

Jamais on n'a vu, vu, vu,

Jamais on n'verra, ra, ra

La queue d'une souris

Dans l'oreille d'un chat, chat, chat !

Le chat et le soleil

Le chat ouvrit les yeux,
Le soleil y entra.
Le chat ferma les yeux,
Le soleil y resta.

Voilà pourquoi, le soir,
Quand le chat se réveille,
J'aperçois dans le noir
Deux morceaux de soleil.

Maurice Carême

L'ours, le renard
et le pot de miel

Il y avait une fois un ours et un renard.

Chacun vivait dans sa petite maison. Et l'ours, qui était gourmand et prévoyant, gardait un grand pot de miel dans son grenier. Le renard était gourmand, lui aussi, et il aurait bien voulu manger de ce miel.

– Comment faire, pensait-il, comment faire pour entrer dans le grenier de l'ours ?

Un soir, il vient chez l'ours et toc! toc! il frappe au carreau.

– Qui est là ? demande l'ours.

– Moi, dit le renard, moi, ton voisin... J'ai de gros ennuis, compère Ours !

– Quels ennuis, compère Renard ? demande l'ours.

– Le vent a arraché une partie du toit de ma maison et j'ai froid chez moi. Ne puis-je venir passer la nuit chez toi, compère Ours ? demande le renard.

– Bien sûr que si, compère Renard. Entre et chauffe-toi.

Le renard entre et s'allonge près de l'ours. Sa queue va et vient. Il réfléchit. Comment monter dans le grenier de l'ours ?

L'ours s'est endormi, le museau sur les pattes.

– Toc ! Toc ! Le renard frappe le plancher avec sa queue.

– Qui est là, compère ? demande l'ours. Qui a frappé ?

– Ce sont mes amis qui viennent me chercher pour aller à un baptême, répond le renard.

– Eh bien, vas-y, compère, dit l'ours qui se rendort.

Le renard sort, grimpe au grenier, se gorge de miel et revient se coucher.

– Compère, eh! compère! Comment avez-vous baptisé le nouveau-né? demande l'ours.

– Quart-de-pot, répond le renard.

– C'est un drôle de nom, grogne l'ours, mais après tout, pourquoi pas?

La nuit suivante, ils se couchent de nouveau.

Et de nouveau, toc, toc ! le renard frappe le sol avec sa queue...

– Compère Ours, compère Ours, mes amis viennent me chercher pour un autre baptême...

– Eh bien, vas-y, compère, vas-y, répond l'ours.

Le renard retourne au grenier, vide le pot de miel jusqu'à la moitié, puis revient se coucher.

– Compère, eh! compère! Comment l'avez-vous baptisé, celui-là? demande l'ours.

– Demi-pot, répond le renard.

– Demi-pot? C'est encore un drôle de nom... Mais pourquoi pas, après tout? grogne l'ours.

Et il se rendort.

La troisième nuit, le renard frappe encore le sol avec sa queue.

– Compère Ours, compère Ours, mes amis sont encore venus me chercher pour un baptême...

– Bon! dit l'ours. Mais ne reste pas trop longtemps dehors. J'ai envie de faire des crêpes au miel.

– Oh! alors, je reviens aussi vite que possible, dit le renard.

Il monte au grenier, vide complètement le pot de miel, en lèche les bords et le fond, puis revient près de l'ours. L'ours a déjà commencé à préparer la pâte pour les crêpes.

– Eh bien, compère, demande-t-il, comment l'avez-vous baptisé, ce troisième nouveau-né?

– Fond-de-pot.

– Fond-de-pot? Vous choisissez vraiment de curieux noms, compère Renard, toi et tes amis... Enfin, celui-ci est plus joli que les autres... Allons, aide-moi à faire ma pâte, verse encore un peu de lait.

Bientôt, la pâte est prête.

– Tu as du miel, compère Ours ? demande le renard.

– Oui, dit l'ours, un plein pot.

– Et où ça ? demande le renard d'un air innocent.

– Dans mon grenier, dit l'ours. Attends-moi un instant, je monte le chercher.

L'ours grimpe au grenier.

– Oh ! grogne l'ours tout étonné. Il n'y a plus une goutte de miel dans mon pot ! Ah ! mais ! Qui donc l'a mangé ? C'est toi qui as mangé mon miel, compère Renard ! crie-t-il en revenant. Qui ? Sinon toi ?

– Voyons, compère Ours, répond le renard. Tu sais bien que je ne l'ai pas même vu, ton miel. C'est toi qui l'auras mangé, c'est sûr ! Et tu as oublié, sans doute.

L'ours se gratte la tête, il essaie de se rappeler. L'aurait-il vraiment mangé, ce miel ?

Il réfléchit...

– Eh bien, dit-il au bout d'un moment, nous verrons bien. Allons nous étendre tous les deux au soleil et celui qui aura des gouttelettes de miel sur son ventre sera celui qui a mangé le miel.

– D'accord ! dit le renard.

Tous deux s'étendent au soleil, le ventre en l'air. L'ours s'endort.

Mais le renard prend bien garde de se laisser aller au sommeil ; il surveille son ventre.

Et voilà qu'au chaud soleil, une gouttelette de miel, puis deux, puis trois, fondent sur sa fourrure. Vite, il les prend et les étale sur le ventre de l'ours.

– Compère, eh ! compère ! crie-t-il ensuite en le secouant. Regarde un peu qui a mangé le miel ! Est-ce toi ou est-ce moi ?

L'ours se réveille et voit ses poils tout collants...

– Eh oui, dit-il, il faut bien croire que c'est moi... mais tout de même, manger un pot de miel sans m'en apercevoir...

– Tu l'auras fait en dormant, dit le renard. C'est bien dommage pour les crêpes...

Natha Caputo

Mes petits lapins

Mes pe-tits la-pins ont bien du cha-grin,

ils ne sau-tent plus dans le p'tit jar-din.

Mes petits lapins
Ont bien du chagrin,
Ils ne sautent plus
Dans le p'tit jardin.

« Où as-tu mal petit lapin ?

– J'ai mal au pied...

– J'ai mal au genou...

– J'ai mal à la tête...

– J'ai mal au bras...

- Guéris ! Guéris ! Guéris ! »

Saute, saute, saute
Petit lapin,
Saute, saute, saute
Dans le jardin.

Le fermier et le lapin

Un petit lapin
Est caché dans le jardin.
« Cherchez-moi, coucou, coucou,
Je suis caché sous un chou. »

Le fermier passe et repasse
En tirant sur sa moustache
Et ne trouva rien du tout ;
Le lapin mangea le chou.

Le Tamanoir

– Avez-vous vu le tamanoir ?
Ciel bleu, ciel gris, ciel blanc, ciel noir.
– Avez-vous vu le tamanoir ?
Œil bleu, œil gris, œil blanc, œil noir.
– Avez-vous vu le tamanoir ?
Vin bleu, vin gris, vin blanc, vin noir.

Je n'ai pas vu le tamanoir !
Il est rentré dans son manoir,
Et puis, avec son éteignoir
Il a coiffé tous les bougeoirs,
Il fait tout noir.

Robert Desnos

Deux grands malades

La girafe a mauvaise mine,
La girafe a une angine.
Qu'on lui donne du sirop
À la louche, s'il le faut.

L'éléphant a éternué.
L'éléphant est enrhumé.
Qu'on lui mette un cache-nez
Et des gouttes sans compter.

Monique Hion

L'éléphant

L'é - lé - phant, il se dou - che, dou-che, dou - che,

sa trompe est un ar - ro - soir.

L'éléphant,

Il se douche, douche, douche,

Sa trompe est un arrosoir.

L'éléphant,

Il se mouche, mouche, mouche,

Il lui faut un grand mouchoir.

L'éléphant,

Dans sa bouche, bouche, bouche,

A deux défenses en ivoire.

L'éléphant,

Il se couche, couche, couche,

À huit heures tous les soirs.

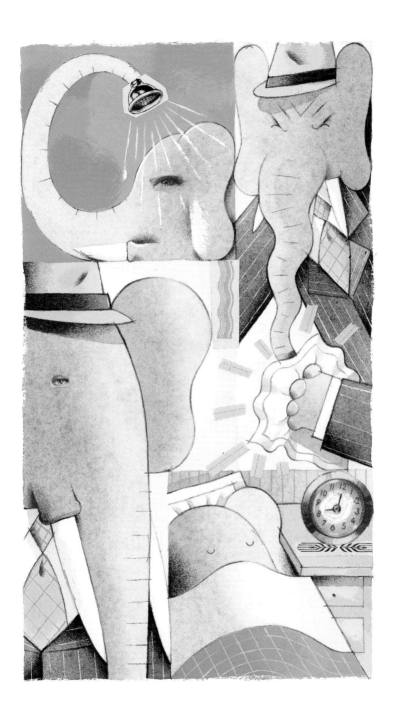

Pourquoi le lapin
a le nez qui bouge

Il était une fois un petit lapin très malin qui se prenait pour le plus malin des plus malins petits lapins. Alors, il faisait sans cesse des farces aux autres animaux. Un jour, cela énerva le crapaud.

Alors, le crapaud se cache derrière un buisson et se met à coasser une drôle de chanson :

– Coa-Coa-Coa-Coa ! Je vais manger ce lapin-là !

En entendant cette voix, le lapin se sauve en courant. Mais, en courant, il ne voit pas un canard qui passait par là.

Il le bouscule et le canard tombe sur un serpent qui faisait la sieste au bord de l'eau.

Le serpent se réveille en sursaut et il fait un croche-patte à un éléphant qui se promenait tranquillement.

L'éléphant tombe dans un trou. Dans ce trou, un vieux tigre s'était endormi.

Il se réveille en sursaut et dit :

– Tant pis pour toi, mon ami ! Tu m'as réveillé sans précaution. Tu mérites une punition. Je vais te dévorer tout cru. N'en parlons plus !

Mais l'éléphant veut justement en parler.

PAF

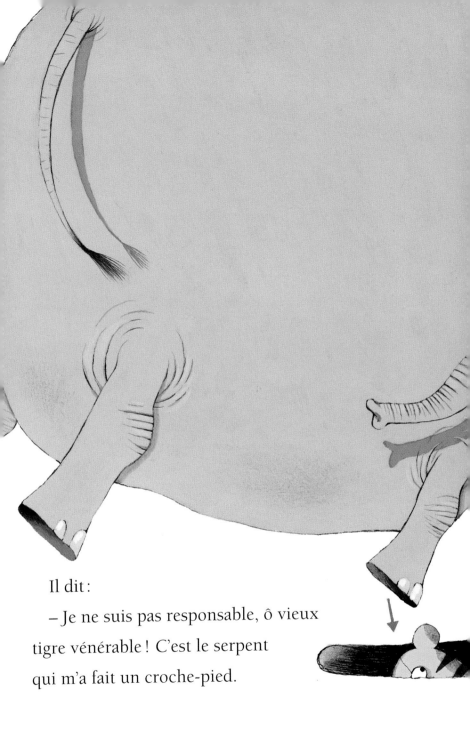

Il dit :

– Je ne suis pas responsable, ô vieux tigre vénérable ! C'est le serpent qui m'a fait un croche-pied.

Alors le tigre sort de son trou. Il va trouver le serpent et lui dit :

– Tant pis pour toi, mon ami ! À cause de toi, l'éléphant m'a réveillé sans précaution. Tu mérites une punition. Je vais te dévorer tout cru. N'en parlons plus !

Mais le serpent veut justement en parler. Il dit :

– Je ne suis pas responsable, ô vieux tigre vénérable ! C'est le canard qui m'est tombé dessus…

Alors le tigre va trouver le canard et lui dit :

– Tant pis pour toi, mon ami ! À cause de toi, le serpent a fait un croche-patte à l'éléphant. Celui-ci m'est tombé dessus. Il m'a réveillé sans précaution. Tu mérites une punition. Je vais te manger tout cru. N'en parlons plus !

Mais le canard veut justement en parler. Il dit :

– Je ne suis pas responsable, ô vieux tigre vénérable ! C'est le lapin qui m'a bousculé...

Alors, le tigre va trouver le lapin et lui dit :

— Tant pis pour toi, mon ami ! À cause de toi, le canard est tombé sur le serpent, le serpent a fait un croche-patte à l'éléphant, l'éléphant m'est tombé dessus. Il m'a réveillé sans précaution. Tu mérites une punition. Je vais te manger tout cru. N'en parlons plus !

Mais le petit lapin, très effrayé, veut justement en parler. Il dit :

— J'ai entendu un monstre affamé chanter derrière ce buisson une épouvantable chanson. C'est pourquoi je me suis sauvé. En me sauvant, j'ai bousculé le canard, qui est tombé sur le serpent, qui a fait un croche-patte à l'éléphant, qui vous est tombé dessus. Je ne suis pas responsable non plus. N'en parlons plus !

Mais le tigre veut voir si le petit lapin dit bien la vérité. Et il va vérifier s'il y a bien un monstre caché derrière le buisson.

Comme le crapaud est retourné depuis longtemps faire trempette dans l'eau, il n'y a plus rien qu'un pauvre colimaçon.

Alors, le tigre se met à rire si fort qu'il fait encore plus peur au petit lapin. Celui-ci se met à trembler du bout des oreilles jusqu'au bout des pieds, en faisant bouger son nez.

En le voyant grimacer, le vieux tigre n'est plus fâché. Il le trouve très drôle et rit, tellement qu'il en oublie son formidable appétit.

Et il retourne dans son trou.

Mais depuis, le petit lapin, qui se prenait pour le plus malin des plus malins des petits lapins, continue à bouger le nez, même quand le reste de sa personne ne tremble plus. N'en parlons plus !

Claude Clément

Un pou et une puce

Un pou en parade, sur un ta-bou-ret.
Une puce le re-gar-de, lui pince le mo l- let. Le pou en co-
lè - re de cette trahi - son, la prend par derriè - re, lui tire le chi-gnon.

Un pou en parade,

Sur un tabouret.

Une puce le regarde,

Lui pince le mollet.

Le pou en colère

De cette trahison,

La prend par derrière,

Lui tire le chignon.

Une araignée sur le plancher

Une araignée
Sur le plancher
Se tricotait des bottes ;
Un limaçon
Dans un flacon
Enfilait sa culotte.
Je regarde au ciel :
Une mouche à miel
Pinçait sa guitare ;
Les rats tout confus
Sonnaient l'angélus
Au son de la fanfare.

Une fourmi au soleil

Une fourmi rouge
Sur un brin d'herbe
Prenait un bain,
Un bain de soleil.
Bercée par le vent,
Elle ne vit point
Passer le temps.
Et le soir,
Devant son miroir,
Elle découvrit une fourmi noire.

Françoise Bobe

Escargot de Bourgogne

Escargot de Bourgogne,
Montre-moi tes cornes,
Je te dirai où est ton père
Je te dirai où est ta mère.
Si tu ne les montres pas,
Je ne te le dirai pas.

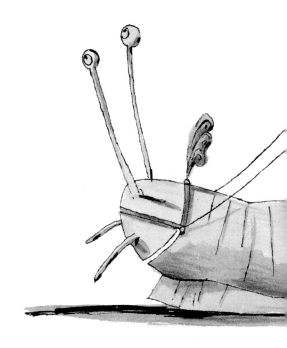

Le cheval et l'escargot

Il était une fois un cheval si rapide qu'il se prenait pour le champion des animaux. Un jour, il rencontre un escargot. Comme il a failli l'écraser, il lui dit :

– Ôte-toi de mon chemin que je puisse galoper plus loin, sans te réduire en bouillie comme une prune pourrie.

L'escargot, décontracté, lui répond :

– Quelle prétention ! Je suis sûr que si nous faisions la course, ce serait moi, le vrai champion...

Le cheval hennit de rire. Quand il a fini, il se penche vers l'escargot pour lui dire :

– Demain, nous ferons cette course. Je te parie que j'arriverai au but avant que tu n'aies même eu le temps de partir !

L'escargot dit :

— Pari tenu ! Mais à une condition : c'est que nous courions d'un point de départ sans point d'arrivée, jusqu'à ce que l'un de nous soit trop fatigué pour continuer. De plus, tous les deux cents mètres, tu devras m'appeler, pour te rendre compte que je suis toujours à tes côtés.

Le cheval hennit encore. Il sait qu'il est le plus fort. Ils se mettent d'accord sur le point de départ et le cheval, tout content, va se coucher jusqu'au lendemain, afin de se reposer et d'être en pleine forme pour gagner.

Pendant ce temps, l'escargot va trouver ses frères, qui se prélassent dans un pré vert.

Il leur dit :

— Durant la nuit, dépêchez-vous de vous poster bien alignés sur le trajet. Lorsque le cheval vous appellera, vous répondrez : « Je suis là ! »

C'est ainsi que, le lendemain, le cheval et l'escargot se retrouvent sur le chemin. Un très sage vieux lézard leur donne le signal du départ. Le cheval part comme un pétard. Et, deux cents mètres plus loin, il appelle l'escargot :

– Est-ce que tu es là, champion des animaux ?

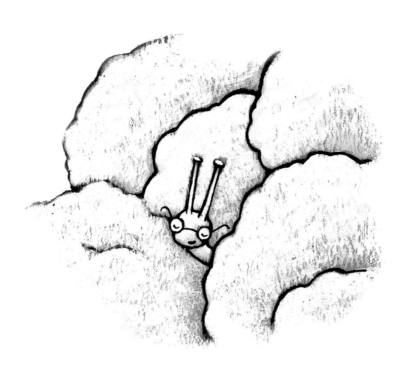

Et une petite voix, dans la poussière, dit :

– Je suis là !

Étonné, le cheval reprend sa course effrénée.
Deux cents mètres plus loin, il s'arrête sur le
chemin pour poser de nouveau la question :

– Es-tu toujours près de moi ?

– Je suis là ! répond la même petite voix.

– À présent, je vais te semer ! hennit le cheval, énervé.

Il se met à galoper, si vite, si vite que, bientôt, il doit s'arrêter, essoufflé. Il recommence à demander :

– Es-tu là, petit escargot ?

Une voix répond aussitôt :

– Je suis là !

À bout de forces, écœuré, le cheval se laisse tomber dans le pré en hennissant :

– Tu as gagné ! Moi, je préfère abandonner...

C'est ainsi que l'escargot dans la prairie, au milieu de ses amis, fut proclamé sous les bravos champion de tous les animaux.

Claude Clément

Du calme !

Le kangourou d'un bond
S'est cogné au plafond.
Le lapin en dansant
S'est cassé une dent.
Le crapaud dans l'évier
A failli se noyer.

Le bon docteur Cheval
Les mène à l'hôpital.
L'infirmière souris
Les borde dans leur lit.

Claude Clément

La famille Tortue

Ja-mais on n'a vu, ja-mais on ne ver - ra la fa - mille Tortue cou-rir a - près les rats. Le pa - pa Tor - tue et la maman Tor - tue et les en - fants Tor - tue i - ront tou-jours au pas.

J amais on n'a vu,

Jamais on ne verra

La famille Tortue

Courir après les rats.

Le papa Tortue

Et la maman Tortue

Et les enfants Tortue

Iront toujours au pas.

Il pleut, il mouille

Il pleut, il mouille,
C'est la fête à la grenouille ;
Quand il ne pleuvra plus,
Ce sera la fête à la tortue.

Les petits poissons

Les petits poissons dans l'eau
Nagent, nagent, nagent, nagent ;
Les petits poissons dans l'eau
Nagent, nagent comme il faut ;
Les petits poissons dans l'eau
Nagent aussi bien que les gros.

Plus de danger !

Le requin bleu
A mal aux yeux.

Le requin blanc
A mal aux dents.

Plus de danger, petits harengs,
On peut nager tranquillement.

Monique Hion

Octave le corbeau

Octave est un corbeau. Comme tous les corbeaux, il ne sait dire que :

– Croâ ! Croâ !

Sa voix râpe, elle grince. Dès qu'il parle, tout le monde s'enfuit. Et Octave se retrouve seul, tout seul. Il est désespéré.

Ce qu'il voudrait, Octave le corbeau, c'est inventer un chant aussi beau que le chant qui tinte dans sa tête. Or, dans la forêt, il y a des oiseaux qui chantent. Leur chant est si beau qu'Octave le corbeau en est bouleversé.

Une larme roule le long de son bec. Il pense :

— Jamais je ne composerai un chant aussi beau que celui des oiseaux.

Un matin, il est si triste qu'il prend son filet à papillons, son sac à dos et il s'en va chasser dans la forêt. Il rencontre une mésange qui siffle au bord d'une branche.

— Viens dans mon filet, jolie mésange. Tu ne chanteras désormais que pour moi.

Il glisse la mésange dans son sac à dos et l'emporte jusque dans sa maison.

Arrivé chez lui, il ferme soigneusement la porte.
Il installe la mésange dans une superbe cage dorée.
La mésange regarde la maison. Elle regarde la cage.
Elle a la gorge serrée. Elle ouvre son bec. Elle
soulève une aile. Elle tend le cou, ouvre le bec
encore. Mais rien, aucun son ne sort.

– Il te faut un compagnon, peut-être, dit le
corbeau.

Il retourne chasser, avec son filet et son sac à dos. Dans la forêt, il rencontre un rossignol. Il l'attrape dans son filet et lui dit :

– Je sens qu'avec la mésange, tu vas chanter comme un ange.

Il l'enferme dans son sac et le ramène à la maison. La mésange, étonnée, contemple le rossignol.

– Chantez ! ordonne le corbeau.

Les deux oiseaux ouvrent le bec. Ils soulèvent une aile. Ils tendent le cou, ouvrent le bec encore. Mais rien, aucun son ne sort. Alors le corbeau, désespéré, reprend son filet. Il se rend, une fois encore, dans la forêt. Là, il rencontre le merle et la pie. Il les attrape et les enferme dans son sac. Il les ramène dans sa maison.

La mésange et le rossignol, étonnés, contemplent le merle et la pie.

Le corbeau supplie :

– Chantez, je vous en prie. Sinon je ne serai plus jamais, plus jamais heureux.

La mésange, le rossignol, le merle et la pie ouvrent le bec. Ils soulèvent une aile. Ils tendent le cou, ouvrent le bec encore. Mais rien, aucun son ne sort. Dans la maison silencieuse, le corbeau se sent accablé.

Alors la pie a une idée :

– Peux-tu soulever le loquet ?

Et le merle :

– Peux-tu ouvrir la fenêtre ?

Et la mésange, et le rossignol :

– Et la porte, et la barrière ?

– Vous voulez vous enfuir ! pleure le corbeau.

Il hésite et puis, la tête basse, il soulève le loquet.

La pie s'envole. Elle dessine un cercle dans le ciel.

Elle jase. Elle jacasse.

Le corbeau sèche ses larmes.

– À toi ! s'écrie-t-il en ouvrant la fenêtre.

Le merle s'envole. Il dessine un cercle dans le ciel. Il siffle joyeusement.

Le corbeau gonfle la poitrine.

– À vous ! s'écrie-t-il en ouvrant la porte et la barrière.

La mésange et le rossignol s'envolent. Ils dessinent deux cercles dans le ciel. Ils babillent. Ils chantent. Ils trillent. Ils pépient.

– C'est exactement ce qu'il me faut ! s'écrie le corbeau qui ne peut croire à son bonheur. Vous voulez bien jaser, jacasser, siffler, babiller, chanter, triller, pépier pour moi ?

– Laisseras-tu le loquet ouvert ?

– Oui.

– Et la fenêtre ?

– Oui.

– Et la porte, et la barrière ?

– Oui, oui, mille fois oui.

Les oiseaux se regardent.

– Nous sommes d'accord, disent-ils.

De joie, le corbeau fait croâ ! Il fait rire ses nouveaux amis et, pour la première fois, il rit lui-même de sa voix !

Roselyne Morel

Y a une pie

Y a une pie dans l'poirier, j'en-tends la pie qui chan-te,

Y a une pie dans l'poi-rier, j'en- tends la pie chan - ter. J'en -

tends, j'en - tends, j'en - tends la pie qui chan-te, j'en-

tends, j'en - tends, j'en - tends la pie chan - ter.

Y a une pie dans l'poirier

J'entends la pie qui chante

Y a une pie dans l'poirier

J'entends la pie chanter.

J'entends, j'entends, j'entends la pie qui chante

J'entends, j'entends, j'entends la pie chanter.

Une poule sur un mur

Une poule sur un mur
Qui picote du pain dur,
Picoti, picota,
Lève la queue et puis s'en va.

Le gros bourdon noir

Un gros bourdon noir
Sur un bouton d'or
Butine jusqu'au soir
Butine de l'or

Un gros bourdon noir
Sur un bouton d'or
Bourdonne le soir
Bourdonne et s'endort

Françoise Bobe

Pimpanicaille

Pim - pa - ni - cail - le, le roi des pa - pil - lons,
en se fai - sant la bar - be se cou - pa le menton. Un, deux,
trois - de bois; Quatre, cinq, six - de buis; Sept, huit,
neuf - de bœuf; Dix, onze, douze - de bouse, va - t'en
à Tou - lou - se.

Pimpanicaille,

Le roi des papillons,

En se faisant la barbe

Se coupa le menton.

Un, deux, trois - de bois ;

Quatre, cinq, six - de buis ;

Sept, huit, neuf - de bœuf ;

Dix, onze, douze - de bouse,

Va-t'en à Toulouse.

Coccinelle

Coccinelle, demoiselle
Où t'en vas-tu donc ?
Je m'en vais dans le soleil
Car c'est là qu'est ma maison.
Bonjour, bonjour, dit le soleil,
Il fait chaud et il fait bon.
Le monde est plein de merveilles
Il fait bon se lever tôt.

Edmond Rostand

Table des Histoires, Comptines et Chansons